Alfred Fouillée

L'Origine de l'Instinct et de l'Action réflexe

Essai

ISBN : 978-1544215990

10 9 8 7 6 5 4 3 2 1

Alfred Fouillée

L'Origine de l'Instinct et de l'Action réflexe

Essai

Table de Matières

Introduction

L'étude de l'instinct a un intérêt particulier pour le philosophe, parce que l'instinct est sur la limite commune du mécanisme et de l'intelligence. Les religions antiques voyaient dans l'instinct une sorte de mystère divin : le culte des animaux eut en partie son origine dans l'étonnement causé par la sagesse muette des bêtes, qui semblait supérieure à l'intelligence même de l'homme : instinct, génie, divination, semblaient choses voisines, révélant la présence d'un dieu. Jusque de nos jours, l'instinct est resté pour les spiritualistes un des grands arguments en faveur des créations spéciales de la providence, des causes finales particulières. Les partisans de l'automatisme, au contraire, ont essayé de réduire l'instinct à un jeu d'organes aussi exclusivement mécanique, dit M. Maudsley, que celui d'une « pompe » ou d'une « machine à vapeur. » Selon eux, une seule impression automatiquement suivie d'une seule contraction, par exemple un coup sur la jambe suivi d'un recul immédiat de la jambe, constitue l'action réflexe simple ; une *série* variée de contractions ou de mouvements répondant à une série d'impressions, comme les mouvements divers de l'oiseau naissant pour attraper les mouches au passage, constitue l'instinct, qui, selon l'expression de M. Spencer, ne serait « qu'une action réflexe composée. » Enfin, si la liaison des mouvements avec les impressions sensibles est encore imparfaite et laisse place à la conscience, elle constitue alors l'appétit, le désir, l'action volontaire et intelligente. La vie intelligente ne serait ainsi, d'après M. Spencer, que l'instinct encore imparfaitement organisé, un automatisme qui doit sa conscience à sa lenteur, comme une machine que ses frottements mêmes rendraient lumineuse [1].

Cette nouvelle application de la doctrine mécaniste nous amène à nous poser ce problème fondamental : — Est-il vrai que ce soit le mouvement réflexe et purement automatique qui explique l'instinct et le désir ? N'est-ce point au contraire le désir, ou du moins l'appétit, qui est la commune origine de l'instinct et de cette action réflexe qu'on nous présente aujourd'hui comme l'explication unique et suffisante de toute la vie mentale ? Dans cette seconde hypothèse, l'évolution n'aurait plus pour point de départ un automatisme brut, pas plus chez les animaux que chez

Alfred Fouillée

l'homme : son vrai point de départ serait une impulsion ayant un fond mental en même temps que des lois mécaniques. C'est là une conséquence dont on pressent toute l'importance pour la théorie générale de l'univers, puisqu'il s'agit de savoir si le ressort primitif est un mécanisme exclusivement matériel ou un moteur d'ordre moral.

Section I

Entre l'intelligence et le mécanisme brut il y a un intermédiaire dont le rôle, selon nous, n'a pas été mis dans tout son jour : *l'appétit*. L'appétit, — comme la faim, la soif, le besoin de mouvement ou de repos, — est une impulsion accompagnée de peine ou de plaisir vague ; c'est bien, par conséquent, un état de conscience, sinon un acte d'intelligence. Or l'appétit se retrouve au fond de tout instinct, sous forme d'un besoin demandant à se satisfaire. Quand le jeune écureuil, qui ne connaît point encore l'hiver, fait cependant d'avance sa provision de noisettes, il ne se représente point le résultat de son acte, il n'a ni l'idée de l'hiver, ni celle du froid, ni celle de la disette, il agit sans une intention préconçue ; mais il agit cependant en vertu d'une sorte de besoin, avec un certain plaisir à faire ce qu'il fuit. Si donc il n'a pas conscience du but de ses actes, il a quelque conscience de ses actes eux-mêmes à mesure qu'il les accomplit. De même, quand l'enfant mange, il ne se représente ni la digestion ni l'assimilation, mais il a pourtant conscience du malaise de la faim et du plaisir qu'il éprouve à manger. L'instinct renferme donc tout d'abord, parmi ses éléments essentiels, un élément de conscience, l'appétit, accompagné de plaisir ou de peine ; c'est là une première raison qui empêche de le confondre avec un par automatisme. En conséquence, nous définirons l'instinct : un acte qui, ayant un résultat généralement utile, est accompli sans la représentation de ce résultat par tous les individus de la même espèce, sous l'impulsion d'un appétit et avec une émotion plus ou moins faible de plaisir on de peine. Des fonctions absolument inconscientes pour l'animal, comme la formation des arbres de corail ou de la coquille d'un crustacé, ne peuvent être appelées proprement des instincts : ce sont simplement des résultats mécaniques accessoires.

Puisque ce qui caractérise l'instinct, c'est une tendance native à une certaine action déterminée, un appétit inné cherchant à se satisfaire, il reste à savoir ce qui provoque cet appétit. Faut-il l'expliquer par des représentations toutes formées et héréditaires, par des sortes d'images ou idées innées ? Faut-il croire, par exemple, que l'oiseau naisse avec « l'idée du nid » qui hanterait son imagination comme un rêve tendant à devenir réalité ? Cette opinion a été souvent soutenue. « Les penchants instinctifs de l'araignée, dit Müller, lui représentent, comme en une sorte de songe, le thème de ses actions, la construction de sa toile. » Cuvier a cherché des éclaircissements à la nature de l'instinct dans celle du somnambulisme : le somnambule est obsédé par une sorte de rêve perpétuel, par une vision qui le fascine, l'entraîne et lui fait accomplir certains actes particuliers. Le somnambule n'accepte de la vie réelle que ce qui peut entrer dans son rêve et en faire partie. De plus, durant son accès, il n'exécute que les actes qui lui sont habituels. — « Le poète, a-t-on dit, ne fait pas de la musique, le musicien ne fait pas de vers, et Condillac, qui était somnambule, ne s'est jamais surpris à broder [2]. » Enfin, autre analogie, tous ces actes s'accomplissent sans réflexion. Si le somnambulisme durait toujours et s'il était inné, il sentit impossible, d'après Cuvier et ses partisans, de le distinguer de l'instinct [3]. D'après cette explication, il y aurait dans le cerveau des animaux comme une hallucination permanente : l'animal vivrait non-seulement dans le milieu que nous voyons, mais encore dans un autre milieu qui nous échappe et où il subit l'empire de suggestions analogues à celles de l'hypnotisme.

Cette théorie ne saurait nous satisfaire. D'abord, malgré certaines (1) analogies, nous ne saurions admettre que l'instinct soit du somnambulisme. Chez les animaux, il y a la même distinction que chez l'homme entre la veille et le sommeil. Les chiens, par exemple, rêvent ; ils rêvent chasse et, tout endormis, poussent des aboiements comme s'ils apercevaient le gibier. Les animaux sont de plus soumis, comme l'homme, à certains états morbides du cerveau, à l'idiotie, à la folie, et même à certaines espèces de folie caractérisées. Enfin, le somnambulisme ne provoque dans l'imagination que le souvenir d'actes déjà accomplis une première fois et familiers au somnambule. Quant à l'hypothèse

Alfred Fouillée

d'hallucinations natives, précédant l'expérience, on n'en peut citer aucun exemple. Toute représentation a pour antécédent nécessaire quelque perception individuelle. Une harpe éolienne, dont les cordes sont tendues de manière à produire telle harmonie déterminée, fera entendre son accord sous l'excitation du moindre souffle, mais ce n'est pas sous forme de son *actuel* que l'accord lui est inné. De même, l'enfant n'a qu'à ouvrir les yeux pour voir la lumière : l'organe de la perception lui est inné, la perception même ne l'est pas, bien que, pendant une infinité de générations, ses ancêtres aient en la perception permanente de la lumière. Nous croyons donc que ce ne sont pas les représentations mêmes qui sont innées dans l'instinct, mais seulement l'aptitude à les former dès que s'en présentera l'occasion. Cette aptitude implique seulement que certaines relations ou associations sont imprimées d'avance dans le système nerveux et établissent des communications plus faciles entre telles cellules qu'entre telles autres. Si les idées mêmes ne sont pas héréditaires, les relations ou associations des idées peuvent l'être en une certaine mesure. L'idée de l'eau n'est pas innée chez le jeune canard, mais la première perception qu'il a de l'eau trouve dans son cerveau des voies toutes tracées vers les organes moteurs présidant à la natation, si bien que le besoin de se mouvoir et de s'avancer sur l'eau s'éveille immédiatement, avec une émotion de plaisir corrélative. Le seul contact de l'eau suffit ensuite à mettre en mouvement le mécanisme préformé.

Comme exemple d'association innée jointe à l'émotion, on peut citer la peur instinctive. Les oiseaux des îles où l'homme n'a jamais pénétré n'ont point peur de lui : aux îles Galapagos et Falkland, Darwin fit tomber un faucon d'un arbre en le poussant avec le canon de son fusil et les petits oiseaux buvaient à une tasse qu'il tenait dans la main. Après un certain nombre d'expériences fâcheuses, la peur devient héréditaire et instinctive chez les oiseaux, c'est-à-dire que la perception de l'homme trouve, dans le cerveau des oiseaux, une communication tout ouverte vers le mécanisme de la fuite ; de là une *impulsion* à fuir et l'*émotion* corrélative à la fuite, c'est-à-dire la peur [4]. Chez les enfants, la crainte produite par une forêt sombre ou par une caverne est instinctive quand ils ont atteint l'âge de six à sept ans ; elle ne se manifeste pas chez les enfants très jeunes. Selon les partisans de Darwin, cette crainte serait le résumé d'une multitude innombrable d'expériences humaines dans la vie des bois et des cavernes ; si elle ne se manifeste pas dès le bas âge, c'est que les différents instincts attendent, pour s'éveiller, les âges correspondant aux diverses périodes du développement de la race. En somme, l'innéité des instincts se ramène, selon nous, à l'innéité de certaines associations imprimées et réalisées dans un mécanisme héréditaire tout prêt à fonctionner. Le stimulant approprié, par exemple la faim, produit un courant qui se manifeste comme *impulsion* et *émotion* ; l'impulsion et l'émotion s'emparent des *idées* ou représentations déjà acquises par l'individu, comme l'idée des animaux qui lui servent de proie, et enfin le tout se range dans un certain ordre fixe. La structure organique ne peut manquer de se refléter plus ou moins confusément dans la conscience générale de l'animal : lors donc que le stimulant approprié met en jeu tel ou tel ensemble de mouvements associés, le fonctionnement organique produit une émotion et une représentation correspondantes ; celles-ci deviennent de plus en plus vives et impérieuses à mesure que le fonctionnement organique acquiert plus d'énergie. La représentation dominante manifeste alors une force expulsive à l'égard des autres représentations : elle devient une idée directrice et absorbante, qui détermine l'être à la réaliser par une action. On sait ce qui se passe dans les organes de la génération à l'époque de la puberté, les phénomènes qui s'ensuivent dans l'imagination et l'impulsion finale à l'acte. On ne naît pas avec la représentation toute faite de l'autre sexe, et c'est pourtant ce qui aurait dû se produire s'il existait des représentations vraiment innées : tout être devrait arriver à la vie avec l'image de l'acte qui l'a produit et a produit la série indéfinie de ses ancêtres. Mais ce qui est inné, ici encore, c'est simplement une structure organique qui, accumulant de la force dans les organes appropriés, tend à la dépenser ; de là un sentiment de tension, une émotion correspondante de malaise, puis des excitations innées et spontanées accompagnées de plaisir. Ce sont toutes ces *sensations* et *émotions actuelles* qui finissent par réveiller et induire les représentations *déjà acquises* d'individus d'un autre sexe ; à elles seules, elles ne susciteraient pas la représentation anatomique des organes vers lesquels elles tendent. Que, chez l'animal, une représentation de ce genre finisse par se produire, nous n'en avons aucune preuve ; l'animal, il est vrai, *reconnaît* dès les

Alfred Fouillée

premières expériences ce qui est approprié à son besoin, mais nous ne pouvons affirmer qu'il se le *représente* avant ces expériences.

L'instinct est donc ce que nous appelons une *idée-force*, à la condition d'entendre par là une idée directrice virtuellement préformée dans la structure organique, mais qui ne devient actuelle que sous l'influence de sensations, émotions, appétitions également actuelles.

Nous venons de voir que l'animal artiste (et tous les animaux sont plus ou moins artistes) ne naît pas avec l'idée de son œuvre toute formée, par exemple l'idée du nid ou de la ruche ; ajoutons maintenant que, quand cette idée se forme, elle ne surgit pas tout entière et complète devant l'imagination, comme un plan intérieur qui apparaîtrait à l'animal dès que le besoin ou l'appétit l'invite au travail. Nous croyons plutôt que l'idée évolue elle-même dans l'imagination de l'animal à mesure qu'il la réalise au dehors et par le fait même de cette réalisation : l'idée n'*est* pas, elle *devient*. Quand nous voulons dessiner un objet, nous n'avons d'abord devant l'imagination qu'un germe grossier, une silhouette embryonnaire : tantôt ce sont les grandes lignes extérieures, comme celles d'une maison, sorte de cadre à remplir ; tantôt c'est seulement la partie centrale et dominante, comme dans certains dessins d'ornementation qu'il s'agit de développer et de faire ramifier. Ce second mode doit être fréquent chez l'animal. L'abeille commence sa cellule sans trop savoir ce qu'elle va faire, puis le commencement éveille, avec le sentiment de ce qui manque encore, l'image de ce qui doit suivre immédiatement. L'idée prend corps peu à peu, son germe se développe ; elle grandit, elle devient de plus en plus distincte, et la cellule hexagonale finit, à mesure qu'elle s'avance en réalité, par devenu un modèle plus précis dans l'imagination de l'animal : en faisant, il prend conscience de ce qu'il veut faire. C'est un phénomène d'association analogue à celui de l'inspiration artistique. Seulement, chez l'animal, les dispositions héréditaires des cellules sensitives et motrices, par leurs associations immuables, provoquent des associations d'images également déterminées : c'est comme une famille de poêles qui aboutiraient tous à refaire un seul et même sonnet. Chez l'homme, l'inspiration est libre : son kaléidoscope intérieur est susceptible de combinaisons plus nombreuses, d'idées mobiles, tandis que l'animal est enchaîné à une idée fixe par la fixité de sa constitution nerveuse. Cette idée fixe est alors comme le prolongement mental des organes mêmes : l'animal enfante une œuvre de forme déterminée, comme il procrée d'autres êtres de forme déterminée : sa fécondité intellectuelle est aussi esclave que sa fécondité physique, d'autant plus que la première est souvent au service de la seconde, par exemple dans la nidification. L'instinct, en un mot, offre l'exemple de l'idée-force à type fixe, tandis que l'inspiration humaine offre l'exemple de l'idée-force à type variable [5].

Nous avons vu la nature de l'instinct ; tirons-en les conséquences relatives à son origine. Deux opinions principales sont ici en présence. Les uns croient trouver une explication purement mécanique de l'instinct dans les actions réflexes et dans les accidents de la sélection naturelle : selon eux, par son origine comme par ses éléments, l'instinct est encore du *mécanisme transformé*. Les autres, sans nier la part du mécanisme, jugent qu'une explication psychologique est aussi nécessaire, mais ils font appel surtout à l'intelligence pour expliquer la genèse de l'instinct : ainsi, d'après Lewes, tous les instincts seraient nés par la substitution graduelle du mécanisme à l'intelligence ; ils seraient de l'intelligence transformée et dégradée, *lapsed intelligence*. Selon nous, le terme d'intelligence, qui indique la prévision, l'adaptation à une fin préconçue, exprime un état mental trop élevé pour être placé à l'origine de tous les instincts ; c'est, à nos yeux, l'appétition et l'émotion qui sont le vrai point de départ : l'instinct est pour nous de l'*appétit transformé*. Essayons donc de montrer que l'origine des instincts est la substitution graduelle du mécanisme à l'appétit et à la conscience, par l'effet de l'habitude et de l'hérédité. Cette théorie n'exclut d'ailleurs aucune des deux autres, mais elle les rattache à un principe plus véritablement primordial.

Selon M. Spencer, nous l'avons vu, l'instinct naîtrait par la complication de mouvements réflexes purement automatiques. Cette doctrine, telle du moins que M. Spencer l'a exposée, ne peut être admise, parce que M. Spencer prend pour point de départ le réflexe absolument mécanique sans mélange de sentiment ni d'appétition. Nous croyons, au contraire, qu'à l'origine tout mouvement dans les êtres animés était appétitif. Considérons par exemple les mouvements du cœur. Aujourd'hui, le cœur bat

Alfred Fouillée

au moyen d'actions réflexes sans participation de la conscience interne ; pourquoi ? C'est que, grâce au perfectionnement de la circulation, le *stimulus* de l'organe, c'est-à-dire le sang, est perpétuellement renouvelé ; aussi n'y a-t-il plus aujourd'hui aucun appétit, aucun besoin distinct qui, dans notre conscience, réponde à la circulation du sang. Pour la respiration, il n'en est pas ainsi : dès qu'elle s'arrête, le *besoin* se fait manifeste ; c'est un instinct qui n'est pas encore complètement mécanique. Les appétits s'accompagnent de sensations nettes dès qu'il s'agit des fonctions proprement dites de nutrition et de reproduction : notre machine corporelle n'est pas assez perfectionnée pour se nourrir toute seule ni pour se reproduire toute seule. C'est d'ailleurs dans ce vaste domaine de la nutrition et de la reproduction que les premiers instincts sont nés, et ils s'y sont conservés sous forme d'appétits, avec participation du sentiment et de la conscience. Les instincts des animaux sont toujours mis en action par un stimulant sensible venu des organes de la nutrition ou des organes de la génération ; le mécanisme structural aurait beau exister chez eux, il ne fonctionnerait pas sans le moteur de l'appétit : il faut la faim, il faut la soif, il faut des sensations viscérales pour exciter l'instinct de la chasse, la poursuite de la nourriture ; il faut des sensations dans les organes sexuels pour exciter l'instinct de reproduction. Chacun sait que si, au moment où la poule veut couver, on lui plonge le ventre dans l'eau froide, l'instinct du couvage cesse de se manifester ; de même, la mutilation de certains organes produit généralement la disparition des instincts reproducteurs. Si donc il y a dans l'instinct un mécanisme automatique, il y a aussi, comme *primum movens*, une *excitation consciente et actuelle* au début de la série d'actes dont le mécanisme est le déroulement ultérieur. On en peut induire que, dans l'origine, chacun des moments de l'action instinctive en voie de s'organiser était conscient et appétitif. C'est par la répétition et l'habitude que les mouvements sont devenus automatiques, d'abord chez l'individu, puis dans l'espèce. L'automatisme actuel de l'abeille ou de la fourmi est de l'expérience accumulée, de l'appétition et du sentiment emmagasinés par des séries innombrables d'individus. L'instinct, en un mot, est un produit psychique et non pas seulement mécanique ; l'élément psychique y subsiste encore, au début sous forme d'appétit, au milieu sous forme de conscience plus ou moins vague, à la fin sous forme de satisfaction et de plaisir. Seule la série des *moyens* est devenue automatique et se déploie aujourd'hui sans représentation intellectuelle.

De même qu'un mécanisme d'actions réflexes dépourvu de tout élément psychologique ne pourrait, à lui seul, produire l'instinct, de même la sélection purement mécanique à travers les âges y serait impuissante. La sélection naturelle, en fixant des accidents utiles, a sans doute joué un rôle considérable dans le développement des instincts particuliers. « Quand les conditions de vie se modifient, dit Darwin, il est au moins possible que de légères modifications d'instincts puissent se trouver profitables à une espèce, et si l'on peut montrer que les instincts varient, si peu que ce soit, je ne vois pas de difficulté à admettre que la sélection naturelle doit conserver et accumuler sans cesse des variations d'instinct, tant qu'elles sont profitables. Les effets de l'habitude sont, dans bien des cas, d'une importance moindre que ceux de la sélection naturelle, de ce que l'on peut appeler les variations *spontanées* de l'instinct ; c'est-à-dire des variations produites par les mêmes causes inconnues et accidentelles qui produisent les légères déviations de structure du corps. » Ce serait ainsi principalement, selon Darwin, par l'accumulation lente et toute mécanique de variations heureuses que les instincts auraient pris naissance. Nous croyons que cette théorie, malgré ce qu'elle a de vrai, donne trop de place aux « accidents heureux » et au mécanisme du hasard. De plus, la sélection mécanique présuppose toujours à l'origine quelque appétit fondamental. C'est donc à tort que M. Romanes admet des instincts explicables par la seule sélection naturelle, sans élément psychologique. Les exemples qu'il cite, comme l'instinct du couvage, sont précisément défavorables à cette théorie. Il est impossible, remarque M. Romanes, que jamais un animal ait gardé ses œufs à une température tiède avec le dessein intelligent d'en faire éclore le contenu : l'instinct de l'incubation a donc dû avoir pour origine « certaines attentions des animaux à sang chaud pour leurs œufs, analogues à celles que manifestent souvent les animaux à sang-froid pour les leurs. » Ainsi, les crabes et les araignées prenaient leurs œufs avec eux pour les protéger ; « si, à mesure que les animaux sont devenus des animaux à sang chaud,

Alfred Fouillée

quelque espèce a adopté une coutume analogue, cette coutume a entraîné réchauffement des œufs et, par cela même, une durée moindre de l'incubation. » Les individus qui promenaient le plus leurs œufs et les gardaient le plus avec eux ont dû le mieux réussir à élever leur progéniture. De là M. Romanes conclut que l'instinct de l'incubation a pu naître de l'instinct de protection, et se développer sans la moindre intervention de l'intelligence. Mais, si cette explication ne suppose pas chez l'animal un « dessein intelligent, » elle présuppose cependant un penchant sensitif déjà préexistant, comme l'instinct de « protection, » où M. Romanes voit l'origine du couvage, « l'attention » des animaux pour leurs œufs, etc. ; elle implique par cela même bien autre chose qu'un pur mécanisme. Ce ne sont donc pas des mouvements automatiques qu'il faut prendre pour premier point de départ dans l'explication des instincts : c'est, encore une fois, l'élément le plus rudimentaire de la vie mentale, l'appétition accompagnée d'émotion sourde et de sourde conscience. Quant à l'intelligence proprement, dite, c'est seulement plus tard qu'elle intervient.

S'il en est ainsi, appliquons au facteur primitif de l'appétit et au facteur secondaire de l'intelligence les lois de l'habitude, de l'hérédité et de la sélection naturelle : nous aurons ainsi tous les éléments d'une théorie complète.

La première explication de l'instinct, ce sont les modifications introduites par les lois de l'habitude même dans l'appétit et dans ses moyens de satisfaction. D'abord nécessaire, l'émotion de plaisir ou de douleur, qui donnait le branle à l'appétit, disparaît peu à peu par l'habitude : ce qui n'est plus efficace s'élimine soi-même dans la nature, ou se reporte ailleurs. Dès que les voies sont devenues perméables, le courant nerveux coule sans secousse, les contrastes de la conscience disparaissent, l'automatisme commence.

En second lieu, grâce aux lois de l'hérédité, le mécanisme acquis se transmet de génération en génération. Telles et telles habitudes données par l'homme au chien sont devenues innées dans la race. Knight a soigneusement observé, il y a cinquante ans, les chiens d'arrêt, en prenant soin qu'ils ne reçussent aucune instruction de leurs pareils. Dès le premier jour, l'un d'eux resta tout à coup immobile et tremblant, les muscles tendus et les yeux fixés sur des perdrix, exactement comme on l'avait enseigné à ses ancêtres. Un jeune chien terrier, d'une race dressée à la chasse des fouines, entra dans la plus grande agitation la première fois qu'il vit une fouine, tandis qu'un épagneul resta parfaitement calme et indifférent [6]. M. Romanes cite l'exemple de chattes qui, habituées à demander leur nourriture en posture dressée comme font les chiens, ont produit des petits qui prenaient spontanément cette position et « mendiaient » leur nourriture, sans avoir vu jamais leur mère leur donner l'exemple. L'accent gascon, marseillais, catalan, castillan, anglais, basque, se retrouve par hérédité chez les sourds-muets de divers pays, qui ont pourtant appris d'un même professeur parisien à parler d'une manière artificielle, sans entendre et sans s'entendre, par une simple imitation des mouvements visibles de la bouche. L'habitude produit, dans les cellules affectées, soit aux opérations mentales, soit aux mouvements, une orientation nouvelle, qui s'étend d'une partie du corps aux parties similaires par une sorte de contagion. La méthode d'écriture d'Audoyer consiste en ce que l'élève repasse avec la plume au moins vingt fois de suite sur des lettres tracées au crayon ; le physiologiste Weber a observé, chez ses enfants, que la main gauche apprenait un peu à écrire en même temps que la main droite, mais écrivait à rebours : il a donc fallu que la partie droite du cerveau s'exerçât sans que la main gauche fît de mouvement, et que l'habitude s'étendit par contagion d'un hémisphère à l'autre. Une contagion analogue peut s'étendre par hérédité du cerveau des parents à celui des enfants : c'est ce qui fait revenir l'accent paternel et ancestral dans la voix du sourd-muet, c'est ce qui fait aussi reparaître dans certaines familles des traits caractéristiques d'écriture. Il y a aussi dans l'espèce humaine des *tics* héréditaires très analogues à des instincts dépourvus d'utilité. L'habitude et la transmission des tics est plus accentuée chez les enfants dont le développement mental est arrêté, pur exemple chez les idiots. Si l'on voit, dit M. Romanes, un enfant qui se balance incessamment ou exécute d'autres mouvements rythmiques, « on peut être assuré que le cas est grave. » La transmission de certaines habitudes très spéciales doit donc être plus marquée encore chez les bêtes que chez l'homme, surtout quand ces habitudes, au lieu d'être inutiles, se trouvent précisément utiles à l'espèce. Les mouvements habituels étant plus faciles pour l'individu, une certaine jouissance est liée à l'accomplissement de

Alfred Fouillée

ces mouvements, où se dépense l'activité ; de là le penchant à les reproduire : il en est de même quand l'habitude est héréditaire. Ainsi s'expliquent un grand nombre d'instincts chez les animaux. Par exemple, quelques fourmis se sont mises à faire la guerre : c'est devenu pour elles une habitude ; cette habitude, elles l'ont transmise à leurs descendants qui sont devenus de plus en plus aptes à combattre, mais de plus en plus incapables de se livrer à toute autre besogne. — Pour les nations, remarquons-le, la loi est la même : les peuples exclusivement belliqueux deviennent plus ou moins incapables des travaux de la paix. — Parmi les fourmis encore, quelques-unes ont deviné, peut-être par l'odeur, que les cadavres de leurs camarades corrompaient l'air : elles les ont alors transportés dans un autre endroit, qui est devenu comme une espèce de galerie des tombeaux ; ce qui n'était d'abord qu'un acte individuel s'est transformé ensuite, pour l'espèce, en un instinct. L'instinct est donc une habitude héréditaire, à la fois mentale et physique, qui s'est développée sous l'influence d'un appétit.

Outre l'appétit, l'intelligence a joué aussi un rôle important dans la formation des instincts. Cuvier et ses partisans, comme M. H. Fabre, ont voulu établir un rapport inverse entre l'instinct et l'intelligence, mais cette opposition n'a rien de fixe ni d'universel. Beaucoup d'animaux riches d'instinct, comme les singes, les chiens, etc., sont riches aussi d'intelligence. C'est seulement à la longue qu'un rapport inverse s'établit entre l'intelligence et l'instinct. Quand l'intelligence d'un être est de plus en plus spécialisée, elle finit par devenir automatique et en quelque sorte inintelligente. Cela est vrai même de l'homme : le géomètre, le métaphysicien, par exemple, s'enferment dans un certain ordre de connaissances dont ils ne peuvent plus sortir, et ils finissent quelquefois par ne plus guère comprendre ce qui n'est pas du domaine de leurs études. La même remarque s'applique à la société : certaines institutions qui étaient d'abord très utiles sont devenues, avec le temps, de plus en plus immuables, et finissent par offrir une résistance au progrès, comme l'excès d'administration dans certains pays. L'animal n'échappe point à cette loi universelle : son organisation finit par s'imposer tellement à lui qu'il ne peut plus s'en affranchir : telles sont les fourmis amazones. On se souvient qu'Huber mit une trentaine de ces amazones, habituées à voler les œufs des autres, dans un tiroir vitré, avec quelques larves et un peu de miel dans un coin. Elles prirent les larves et les emportèrent çà et là pour les abandonner ensuite, mais elles ne surent pas même se nourrir, malgré la miellée qui était à leur disposition : plusieurs d'entre elles moururent de faim. Huber introduisit alors une seule fourmi *auxiliaire*, ou, comme on dit aussi, esclave (*formica fusca.*) Aussitôt celle-là se met à l'œuvre, prodigue ses soins aux jeunes larves, développe plusieurs nymphes prêtes à sortir du cocon, donne la pâture aux fourmis amazones, enfin les sauve de la mort qui les menaçait. Est-ce à dire que la fourmi amazone n'ait pas d'intelligence ? Non. Dès qu'il s'agit de guerre, elle emploiera habilement la ruse, dressera des embuscades ; elle montrera enfin une intelligence réelle, bien qu'appropriée à une seule fonction. Ainsi l'intelligence et l'instinct, sans s'opposer d'une façon absolue, peuvent manifester à la fin des oppositions relatives et accidentelles. Par le mécanisme où elle s'incarne et s'organise, l'intelligence prend, jusque chez l'homme, une forme spontanée qui se rapproche de l'automatisme. Pour faire sortir l'instinct de l'intelligence même il suffirait, en premier lieu, de réduire l'intelligence à quelques actes spéciaux en la resserrant dans d'étroites limites ; en second lieu, de diminuer la conscience ou plutôt la réflexion. « Supposons, dit à ce sujet M. Ribot, que chez un peuple très civilisé, chez qui la division du travail est poussée très loin, il y ait des architectes, des ingénieurs, des musiciens, etc., qui ne soient capables que d'un seul et unique travail, celui qui constitue leur spécialité ; que l'architecte ne puisse faire que des maisons et telle sorte de maisons, l'ingénieur des ponts et telle sorte de pont ; supposons de plus qu'il fasse cela sans conscience ; » — mieux vaudrait dire par une inspiration irréfléchie, par une conscience spontanée de l'acte présent sans calcul des résultats à venir, — « ces actes ne seront-ils pas considérés comme instinctifs et ne pourra-t-on pas rapprocher l'architecte du castor, l'ingénieur de l'abeille et de la fourmi ? » C'est ainsi que, chez les animaux, les cellules ganglionnaires finissent par devenir presque incapables d'autres mouvements que ceux qui sont utiles à leurs actes particuliers. M. Dubois-Reymond compare justement les animaux doués d'un instinct accompli et désormais invariable à cette ouvrière de Newcastle à qui on demandait, dans le bureau d'émigration de New-York, quel travail elle savait faire : « Emballer des limes, » dit-

Alfred Fouillée

elle. Les animaux acquièrent une perfection unique qui fait croire qu'ils n'ont jamais rien appris, parce qu'ils ne peuvent plus rien apprendre ; mais c'est que l'intelligence est chez eux stéréotypée et immobilisée [7].

Ces caractères de l'instinct n'excluent cependant pas une certaine variabilité, qui était plus grande à l'origine qu'aujourd'hui et qu'on a nommée avec raison la plasticité de l'instinct. Le loriot, par exemple, emploie dans la construction de son nid des fils tissés par la main de l'homme ; mais l'homme n'a pas toujours existé ni tissé : voilà donc un instinct évidemment acquis par cet oiseau. De même, sous l'influence de la domesticité, les animaux modifient leur instinct. Des chiens qui avaient été apportés jeunes en Europe de contrées telles que l'Australie et la Terre de feu, où les sauvages ne possèdent aucune espèce de poules ou de moutons, ne cessaient de les poursuivre ; les chiens civilisés, au contraire, respectent notre basse-cour : c'est un instinct acquis. En Amérique, on avait dressé des chiens à la chasse aux Indiens et on les avait accoutumés à prendre les malheureux par le ventre : c'est une habitude qu'ils ont conservée. Il y a donc des modifications apportées dans l'instinct par l'homme. On sait aussi que l'instinct originel du chien est de hurler ; son instinct acquis, possédé depuis si longtemps qu'il lui est devenu naturel, est d'aboyer. Il y a même, chez les chiens, des manies d'aboiement qui ressemblent à des tics, comme l'habitude d'aboyer autour des voitures qui passent. Il y a enfin des changements produits dans l'instinct par les lieux : le castor d'Europe ne diffère point des castors d'Amérique, mais celui d'Amérique construit sur l'eau, celui d'Europe, qui habite les affluents du Rhône et du Danube, construit sous la terre de longues galeries, comme la taupe, pour échapper à la poursuite des hommes. Ainsi, devant la civilisation et le danger croissant d'être saisi sur les fleuves pour sa chair succulente ou sa chaude toison, le castor a changé d'instinct plus vite que de forme. A New-York, le baltimore fait un nid feutré à l'abri du froid ; à la Nouvelle-Orléans, il fait un nid à claire-voie où l'air passe librement et diminue la chaleur. Des perdrix du Canada, qui se couvrent d'un petit auvent à Compiègne, ont, sous un ciel plus doux, supprimé cet abri qu'elles jugeaient inutile. Ainsi la variabilité existe dans l'instinct, mais il faut peut-être plusieurs milliers de siècles pour qu'un changement notable se produise. Il en est des modifications de l'instinct comme de la formation de la terre ; notre globe a passé dans la suite des siècles par plusieurs époques géologiques, et l'apparente immobilité des choses aujourd'hui ne prouve nullement qu'autrefois elles n'aient pas changé.

Une fois formé, l'instinct devient une sorte de mémoire héréditaire ; il offre les mêmes caractères que la mémoire automatique et l'association automatique des idées. C'est une série de mouvements qui, une fois commencée, tend à s'achever par les voies ordinaires. Si l'on répète quelque chose par cœur, ou si l'on joue un air, chacun sait qu'après une interruption il est aisé de repartir un peu en deçà du point où l'on est arrivé, mais très malaisé de reprendre le fil de la pensée ou le cours de l'acte à un point situé au-delà ; Darwin a montré que cette loi de la mémoire se retrouve dans l'instinct. Huber a décrit une chenille qui se fait, en s'y reprenant à diverses reprises, un cocon très compliqué pour ses métamorphoses : si l'on prend une chenille qui a construit son cocon jusqu'à la sixième période de la construction, par exemple, et si on la replace dans un cocon construit seulement jusqu'à la troisième période, la chenille n'est pas embarrassée ; elle recommence les quatrième, cinquième et sixième périodes de la construction. Mais si une chenille, prise dans un cocon construit jusqu'à la troisième période, est placée dans un cocon achevé jusqu'à la neuvième, avec la plus grande partie de la besogne déjà faite, loin de sentir cet avantage, la chenille est très embarrassée : elle recommence à partir de la troisième période, où elle en était restée. C'est ainsi qu'un chanteur peut ne se rappeler un couplet qu'en répétant le couplet précédent. Un chronomètre ne peut marquer les heures à rebours. L'enregistrement organique de la mémoire et celui de l'instinct sont analogues.

A la transformation de l'appétit et de l'intelligence par l'habitude et l'hérédité ajoutons, avec Darwin, le triage lent de la sélection naturelle, et nous aurons complété l'explication de l'instinct. C'est ainsi que les instincts très compliqués, comme celui de l'abeille, semblent être provenus par degrés d'instincts plus simples, qui se ramènent eux-mêmes à des actes accomplis d'abord moitié mécaniquement, moitié par perception et intelligence. Par exemple, les bourdons déposent leur miel dans de vieux rayons, en y ajoutant quelquefois de courts tubes de cire. D'autres fois aussi, ils construisent des cellules isolées d'une forme globuleuse irrégulière. Puis viennent les abeilles du Mexique, qui construisent déjà des cellules cylindriques, mais encore imparfaites ; enfin, au plus haut degré de l'échelle se trouvent les abeilles domestiques, dont les cellules rangées sur deux lignes parallèles ont la forme d'un prisme hexagonal, forme qui permet la plus grande économie de temps, de travail, de matériaux, de cire. Il est tout naturel que les abeilles qui se sont rapprochées de ce type aient été celles qui ont le mieux survécu, car l'économie de cire représente une économie d'efforts, conséquemment de nourriture, et un avantage dans la lutte pour la vie. Un mélange de tâtonnement machinal, de hasard et d'intelligence, a pu produire à la longue, par sélection, des instincts parfaits et en apparence merveilleux. La larve des phryganes vit au milieu de l'eau et se construit un étui tubulaire au moyen de divers fragments agglutinés. Si la larve trouve l'étui trop lourd et exposé à tomber au fond de l'eau, elle choisit un morceau de feuille ou de paille au fond du ruisseau pour l'ajouter à l'étui ; inversement, si l'étui est trop léger et manifeste une tendance à flotter sur l'eau, elle ajoute un petit grain pour servir de lest. Il est clair que la larve ne connaît pas la théorie des poids spécifiques ; mais ses ancêtres ont dû procéder par tâtonnements, choisissant une place pour l'étui, ajoutant ou retranchant certaines substances selon qu'il descendait ou montait trop. Tout cet art, semi-intuitif et semi-machinal à l'origine, est devenu à la longue entièrement mécanique par des triages successifs, il a fini par se fixer et s'enregistrer immuablement dans l'organisation nerveuse de l'espèce.

Section II

On a fait à la théorie de l'hérédité des instincts plusieurs objections. « D'abord, dit-on, nous devrions retrouver les intermédiaires. » La réponse à cette objection est, selon les transformistes, dans la théorie même : les intermédiaires étaient ceux qui avaient justement le moins de chance de durer ; ils ont dû, en conséquence, être plus facilement engloutis que les autres dans les périodes de crise. Leur organisation étant moins parfaite, ils n'ont pu s'approprier aux circonstances : aussi n'ont-ils point survécu.

La deuxième objection est tellement grave, que Darwin en a d'abord été effrayé. Elle est tirée des insectes neutres, qui ont leur structure propre, leurs instincts propres (par exemple, les fourmis neutres ou les abeilles neutres), et qui cependant, étant stériles, ne peuvent propager leur race [8]. Ici, selon Darwin, l'hérédité n'aurait pu jouer le grand rôle qu'elle a eu ailleurs ; c'est donc la sélection proprement dite qui, en accumulant et fixant peu à peu des variations heureuses, aurait produit à la longue des résultats de plus en plus étonnants. La seule façon dont on pût alors parer à la difficulté, selon Darwin, serait de supposer que « la sélection s'applique à la famille comme à l'individu. » De même, selon M. Romanes, on peut considérer le nid ou la ruche, dans son ensemble, « comme un organisme dont les insectes sexués et les différentes castes de neutres constituent les organes, » et on peut supposer que la sélection naturelle agit sur le tout comme sur un seul organisme, un peu de la façon dont nous la supposons opérer sur les organismes sociaux. « Le nœud de la question consiste à savoir, conclut M. Romanes, s'il est possible on non de supposer que la sélection naturelle agit sur des types spécifiques, distincts des membres individuels d'une espèce. »

Nous craignons que M. Romanes, contre son habitude, ne se perde ici dans une sorte de réalisme scolastique. Qu'est-ce qu'un *type* distingué des membres individuels ? Ce type ne peut subir une action réelle que s'il se réalise dans un individu. C'est, du reste, ce qui a lieu pour la reine-mère des abeilles. Elle est vraiment la ruche entière en son germe, comme le gland est le chêne : elle porte dans son sein et la future reine, et les six cents mâles, et les quinze ou vingt mille neutres. Elle est le type vivant dans un individu. M. Romanes compare la ruche à « l'organisme social » que la sélection perfectionne ; mais, dans les sociétés humaines, tout ne provient pas d'un seul et même germe ; le vrai point de comparaison est donc la *famille*. Supposez une famille dont l'aîné se remarie toujours et dont les cadets se fassent tous moines, et moines voués à des travaux savants ; il s'agit de savoir si un jour viendra où les cadets naîtront stériles, déjà moines et déjà savants. On ne comprend guère, malgré ce qu'en peut dire Darwin, que la simple sélection naturelle, en s'exerçant sur plusieurs familles diverses, arrive à trier mécaniquement celles qui

Alfred Fouillée

offriraient par hasard cette particularité : c'est donc toujours, selon nous, à l'hérédité dans une même famille qu'il faut revenir. Mais si les moines ne se reproduisent jamais, si les aînés, d'autre part, se marient et se livrent à des occupations toutes différentes des travaux du couvent, comment comprendre que l'hérédité produise à la fin des aînés capables d'engendrer des moines perfectionnés et de plus en plus savants ? Voilà le difficile problème qu'il faut transporter à la ruche et à la fourmilière.

Pour notre part, nous croyons qu'il faut supposer, à l'origine, une fécondité générale, sans insectes stériles, et admettre que les progrès du travail, chez les abeilles ou les fourmis, ont produit peu à peu par voie d'hérédité des instincts de plus en plus perfectionnés. Une fois atteint un certain degré de perfection, il a pu arriver que les abeilles ouvrières et les fourmis ouvrières les plus habiles fussent précisément moins propres à la génération que d'autres qui étaient moins habiles. Celles-ci ont pu acquérir une faculté génératrice supérieure, tandis que la même faculté diminuait chez les autres. Il a pu aussi se produire des cas accidentels de stérilité comme il s'en produit parmi les enfants d'une même famille, et ces cas ont pu devenir réguliers, comme on en a vu des exemples dans les familles humaines. Dès lors, une différenciation progressive a pu se manifester entre les ouvrières de moins en moins fécondes, mais toujours laborieuses, et les mâles de plus en plus féconds, mais de plus en plus paresseux. La reine-mère, de son côté, conservait intacte toute sa fécondité et sa puissance héréditaire de reproduire l'essaim précédent. Les mâles, en la fécondant, n'ont pu lui imposer exclusivement le type de leur paresse ; ils ont laissé subsister à côté, outre le type propre de l'abeille reine, celui des abeilles ouvrières enregistré depuis des siècles. Il en est résulté un mécanisme à trois termes : la femelle, les mâles, les neutres ; tandis que, dans la plupart des autres espèces animales, le mécanisme n'a que deux termes et produit seulement des mâles et des femelles. La femelle et les neutres ont conservé leurs traits caractéristiques, et les mâles n'ont plus en que l'office de féconder le germe à triple direction inhérent à chaque femelle. Les trois directions différentes se déploient aujourd'hui simultanément, comme se déploient successivement des formes différentes dans l'atavisme et dans la génération alternante. Chez les pucerons, la génération asexuelle alterne avec la génération sexuelle ; mais, au bout d'un certain nombre de générations asexuelles, les derniers pucerons ainsi formés sont tellement abâtardis qu'ils n'ont même plus de canal intestinal ; alors, au début de l'hiver, les mâles fécondent de nouveau des œufs d'où sortiront, au printemps, des pucerons asexués. Le concours des sexes sert donc ici à restaurer le pouvoir plastique et évolutif. Il nous semble probable que l'intervention des faux bourdons joue un rôle analogue et entretient la perpétuité de la triple évolution, qui aboutit à la fois à produire trois sortes d'insectes, comme un arbre à trois rameaux dont chacun aurait des feuilles de forme différente. Il faudrait mieux connaître les mystères de la génération pour expliquer entièrement l'instinct des neutres, mais il y a là, sans doute, un rythme de la vie, une ondulation à travers l'espace et le temps : la loi d'hérédité et d'évolution y est extrêmement compliquée, mais elle y subsiste.

On a tiré une autre objection de certains instincts qui semblent, dès le début, nécessaires à la conservation de l'espèce, et qui, en conséquence, n'auraient pu se produire par une adaptation graduelle. — Comment, demandent M. Fabre et M. Janet, un insecte peut-il entasser des provisions pour un petit qu'il ne verra pas éclore et qui mourrait sans ces provisions ? Ne faut-il pas ici un instinct « parfait *dès l'origine* ? » — Nous ne saurions admettre cette nécessité. Prenons un exemple. Un hyménoptère porte-aiguillons observé par M. Fabre, le *bombex indica*, dépose un œuf dans une chambre à provisions qu'il a construite et où l'embryon se développe très vite ; l'insecte rend alors visite, chaque jour, au petit vivant, et lui apporte des larves paralysées par son aiguillon. Supposez maintenant qu'un retard survienne accidentellement dans l'époque de l'éclosion de l'œuf : pour obéir à l'instinct primitif, l'hyménoptère continuera d'apporter chaque jour une larve, comme si l'œuf était éclos, et il se trouvera avoir entassé ainsi une provision de larves. Il pourra même ne pas voir son petit éclore. Que ce retard d'éclosion se transmette ensuite par hérédité, concurremment avec l'instinct d'apporter des larves, vous aurez alors des insectes faisant des provisions pour des larves qu'ils ne verront pas naître. C'est précisément ce qui a lieu chez un autre hyménoptère porte-aiguillons, l'*odynerus*, qui construit une chambre à provisions et la remplit de larves paralysées pour

Alfred Fouillée

l'usage de petits qu'il ne verra pas éclore. Telle est l'explication que nous proposerions, pour notre part, de la merveille qui semble inexplicable à MM. Fabre et Janet.

Chez certains insectes, comme les *pompiles*, les mères ont un genre de vie profondément différent de leurs petits, car elles-mêmes sont herbivores et leurs petits sont carnivores. Elles ne peuvent donc point, par leur propre exemple, présumer ce qui conviendra à leurs enfants. Recourra-t-on ici à l'habitude héréditaire ? demande M. Janet. — « Non, répond-il ; il a fallu que cet instinct fût encore parfait dès l'origine, et il n'est pas susceptible de degrés ; une espèce qui n'aurait pas en cet instinct précisément tel qu'il est n'aurait pas subsisté, puisque, les petits étant carnivores, il leur faut absolument une nourriture animale toute prête quand ils viendront au monde [9]. » — Mais, répondrons-nous à notre tour, rien ne prouve que l'espèce ait eu besoin, à l'origine, d'un instinct « parfait et sans degrés, » ni que les larves aient toujours été exclusivement carnivores. Il est possible que certaines larves déposées accidentellement près de la chair aient réussi et grossi mieux que les autres, que leur espèce ait ainsi survécu et que leur constitution se soit adaptée à ce genre de nourriture d'une manière de plus en plus exclusive. Enfin, demander l'explication en détail de chaque instinct, c'est demander quelque chose d'exorbitant, comme si on voulait rendre compte par le menu de tous les mythes des religions antiques, ou déduire, de l'impossibilité d'une complète explication le caractère surnaturel de ces religions.

Différents hyménoptères manifestent des instincts que M. Romanes considère comme les plus remarquables du monde. M.G.-H. Fabre, qui les a le premier observés, les croit inexplicables par l'hérédité des habitudes. Ce sont les insectes porte-aiguillons de la tribu des sphex. Leur larve ne s'accommode que de chair fraîche ; il faut donc mettre à sa portée un gibier qui reste vivant, mais incapable de lui nuire. La solution du problème consiste à paralyser la victime sans la tuer, ce qui ne peut se faire qu'en piquant ou en comprimant certains centres nerveux. L'ammophile, par exemple, nourrit sa larve d'un ver gris de belle taille qui, au lieu de se laisser dévorer, dévorerait lui-même cette larve s'il n'était paralysé. L'ammophile procède à l'opération paralysatrice, dit M. Fabre, « en anatomiste et en physiologiste consommé. » Sa proie saisie, neuf coups d'aiguillons sur les neuf centres nerveux du corps font l'affaire ; pas un de plus, pas un de moins. Reste le cerveau. Ici, l'insecte ne joue plus du stylet : le coup serait mortel. « Il se contente de mâchonner légèrement la tête du ver gris jusqu'à ce que la pression ait donné le résultat voulu. » D'autres espèces de sphex choisissent des araignées, des scarabées, des grillons. Pour l'araignée, l'instinct est plus facile à expliquer : le sphex donne une seule piqûre au grand ganglion, où se trouve rassemblée la majeure partie de la substance nerveuse. Il n'est pas étonnant que ce ganglion ait attiré l'attention de l'insecte et que l'habitude de le piquer se soit à la fin transmise : les grands centres nerveux de l'araignée et l'aiguillon du sphex se trouvent précisément tous deux sur la ligne médiane de l'un et de l'autre animal, et leur rencontre était probable. Pour le scarabée, M. Fabre remarque lui-même que le seul point vulnérable de son enveloppe dure est précisément l'articulation où le sphex glisse son aiguillon : la découverte du défaut de la cuirasse a donc pu s'enregistrer dans l'organisme du sphex et devenir une habitude héréditaire. Mais le cas vraiment extraordinaire, c'est celui des chenilles et des vers piqués à chacun de leurs segments. « Je dois en toute sincérité, dit M. Romanes, avouer que je regarde ce cas comme l'un des plus embarrassants de ceux que l'on connaît. » M. Romanes s'entretint de ce problème avec Darwin dans la dernière année de sa vie, et Darwin lui adressa ensuite cette lettre : « J'ai réfléchi au *pompilius* et à ses congénères. Ces abeilles manifestent tant d'intelligence dans leur manière de faire, qu'il ne me semble pas impossible que les ancêtres du pompilius aient primitivement piqué les chenilles, les araignées, etc., en un point *quelconque* du corps ; dans la suite ils auront remarqué, grâce à leur intelligence, que, s'ils les piquaient en un point déterminé, entre certains segments, sur la face ventrale, leur victime était paralysée aussitôt [10]. » — « Il ne me semble pas incroyable, continue Darwin, que cet acte soit devenu instinctif, c'est-à-dire que le souvenir s'en soit transmis d'une génération à l'autre. Il ne semble pas nécessaire, d'ailleurs, de supposer que, lorsque le pompilius piqua le ganglion de sa victime, il avait l'*intention* de conserver longtemps sa victime vivante, ou qu'il *savait* que cela arriverait. Le développement des larves a pu être modifié ultérieurement par suite de ce que la proie était à

Alfred Fouillée

moitié morte, au lieu de l'être totalement, ce qui eût nécessité un bien plus grand nombre de piqûres. » Cette réponse de Darwin nous semble admirablement esquisser la voie où pourra se trouver une explication : c'est seulement par une accommodation progressive que l'instinct des sphex a pris une forme si précise, si infaillible, si semblable en apparence à un procédé scientifique. Ce qu'on peut conclure, c'est qu'il y a là autre chose que du pur automatisme, autre chose aussi que de l'intelligence réfléchie, mais que les deux éléments combinés sous l'action et la direction constante de l'appétit, ont pu produire à la longue les merveilles qui nous étonnent.

Une dernière objection consiste à prétendre que, chez les animaux, les actes qui auraient donné naissance à l'hérédité n'ont pu être que des actes simplement accidentels, qui ne pouvaient par conséquent laisser dans l'organisme des traces héréditaires. Par exemple, Darwin explique l'instinct du coucou d'Europe, si différent de celui du coucou d'Amérique, par ce fait accidentel que des femelles ont pondu leurs œufs dans le nid d'autres oiseaux et que les oisillons, devenus vigoureux, en ont tiré un avantage. Mais comment comprendre que le fait de déposer ses œufs dans un autre nid soit devenu héréditaire ? Autre chose, objecte-t-on, est une modification d'organe, autre chose est une modification d'instinct. « La première, si légère, si superficielle qu'elle soit, fût-ce la couleur d'un plumage, est permanente et dure toute la vie : elle s'imprime d'une manière durable à l'organisme, et l'on conçoit qu'elle se transmette par l'hérédité ; mais un instinct n'est autre chose qu'une série d'*actes* donnés [11]. Il — Parler ainsi, c'est oublier que toute *action* peut s'enregistrer dans l'organisme, comme la mémoire en est la preuve. Cet enregistrement est même d'autant plus facile et d'autant plus durable que l'organisme est moins compliqué, la mémoire moins étendue et moins riche. Voyez l'enfant en bas âge, il suffit qu'il ait fait ou dit une chose une seule fois pour qu'il la répète à satiété : pour l'enfant et pour l'animal, une fois est coutume. Je connais un petit enfant qui, passant sous un pont de chemin de fer, pensa par hasard à un cheval de bois qu'on lui avait donné et dit : « Mon cheval ; » depuis ce temps, il ne passe pas une fois sous un pont quelconque sans dire : « Mon cheval. » L'enfant et l'animal se répètent eux-mêmes, s'imitent indéfiniment et imitent les autres : tout tend à devenir chez eux manie et tic. La chose est d'autant plus frappante que l'enfant est plus jeune et a le cerveau plus vide. On sait que, si un enfant a pris une fois le sein de sa mère, il devient bien plus difficile de l'élever au biberon. Si on l'a bercé une fois pour l'endormir, il veut être bercé toujours. M. Romanes rapporte qu'une larve, ayant vécu quelque temps d'une espèce de plante, mourut plutôt que de manger d'une autre espèce, qu'elle eût pourtant parfaitement acceptée si elle l'eût rencontrée dès le début. L'animal est routinier, sa religion est traditionaliste et ritualiste. Il y a des idiots qui ont une faculté d'enregistrement machinal tellement grande qu'il leur suffit, comme on sait, de lire une page sans la comprendre pour la répéter ensuite d'un bout à l'autre. Qu'une femelle de coucou soit allée pondre une fois dans le nid d'autrui, elle n'aura pas manqué de recommencer, et cette action aura dû s'enregistrer dans sa tête avec autant de netteté que l'effigie d'une pièce de monnaie frappée par le balancier sur une surface rase. L'imitation machinale de soi-même, et aussi l'imitation d'autrui, ont dû jouer ainsi un grand rôle dans la formation des instincts. On ne saurait donc se représenter une « action, » surtout une action aussi importante que celle de pondre (qui assure la perpétuité de l'espèce), comme une petite ride sur l'eau aussitôt effacée que produite. Même les actions « accidentelles » peuvent devenir habituelles, puis héréditaires. M. Galton cite l'exemple d'un personnage sujet à une habitude étrange : lorsqu'il était étendu sur le dos dans son lit et profondément endormi, il élevait le bras droit lentement au-dessus de son visage jusqu'au niveau du front, puis le laissait retomber lourdement sur son nez. Son fils et une fille de ce fils héritèrent du même tic. Nous ne saurions admettre qu'on trace *a priori* des limites au pouvoir enregistreur et reproducteur de l'hérédité, quand celui d'un simple téléphone est déjà si remarquable. D'ailleurs, où aboutissent toutes ces objections ? Faut-il dire que c'est Dieu qui, par un *fiat* spécial, a ordonné au coucou d'Europe, mais non à celui d'Amérique, de pondre dans le nid des autres oiseaux et de jeter ensuite hors du nid ses frères adoptifs pour la plus grande gloire des causes finales ? S'il n'y a pas là intervention divine, il faut bien que l'instinct du coucou soit le produit des circonstances et de l'hérédité. Il ne s'agit pas plus d'expliquer dans le détail tous les instincts que d'expliquer

Alfred Fouillée

dans le détail la forme de tous les organes : il suffit de comprendre qu'avec plus de renseignements historiques et physiologiques tout deviendrait explicable. Nous pouvons conclure des considérations précédentes que les instincts sont des variations de l'appétit produites en partie par le mécanisme et la sélection naturelle, en partie par la réaction de l'être sensible et intelligent. L'histoire mentale des animaux a trois moments. D'abord la sensibilité est obscure encore, l'appétit est sourd, ayant à peine conscience de soi : c'est le premier degré. Puis, réagissant contre le monde extérieur, l'appétit prend la forme du mécanisme, s'encadre dans ses actes, se cristallise pour ainsi dire dans les instincts : c'est le deuxième moment. Mais le mécanisme, chez les espèces supérieures et surtout chez l'homme, tend à se transformer, à se rendre lui-même mobile et progressif. Dans l'espèce humaine, à côté des instincts qui ont pour objet l'intérêt, soit de l'humanité, soit de la race, soit de la nation, il y a un instinct qui pousse chaque individu à se faire une personnalité. Là est le point où l'instinct se retourne en quelque sorte contre lui-même, finit par se réduire de plus en plus, s'absorber dans la puissance intellectuelle, essentiellement mobile et progressive. Dès lors, nous ne saurions supposer dans les siècles à venir, avec M. Herzen une sorte d'ère paradisiaque où l'homme aurait acquis une somme d'instinct qui rendrait la raison inutile, où il calculerait comme il digère, où il philosopherait comme il dort, où les opérateurs et les praticiens auraient la sûreté anatomique de l'ammophile, les navigateurs l'instinct de direction qu'à l'abeille. Tandis que, chez les animaux, l'espèce ne semble songer qu'à l'espèce, dans l'humanité l'espèce songe à l'individu : à mesure que l'espèce se développe, l'individu se développe ; aussi il tend de plus en plus à être lui-même, et l'instinct qu'il transmet à ses descendants est précisément la tendance à une *individualité progressive*. En un mot, peut-on dire, tandis que le désir de vivre et de jouir enracine de plus en plus dans l'animal l'instinct mécanique, il pousse de plus en plus les hommes à agir par d'autres raisons que par le mécanisme fixe de l'instinct ; la conscience réfléchie s'accroît, les lois mêmes de l'espèce tendent à rendre à l'individu la personnalité ; ce que la race humaine transmet à l'individu, c'est un esprit d'initiative qui le délivre partiellement des fatalités de race pesant sur lui. L'intelligence, en ses lois essentielles, devient elle-même un instinct supérieur, une adaptation supérieure à un milieu plus large et universel. La formation d'une conclusion logique dans un esprit intelligent, lorsque les prémisses sont clairement posées, est devenue, dit M. Maudsley, tout comme la natation d'un canard jeté à l'eau, une nécessité instinctive. Ce qui, *vu objectivement*, apparaît comme une nécessité *mécanique*, devient *subjectivement* une nécessité *logique*, selon la remarque de M. Wundt. Le logique, en d'autres termes, est le dessous du mécanisme, et le mécanisme est du logique retourné. Mais il y a cette différence que, dans le logique proprement dit, l'opération est consciente de soi et de ses raisons ; le mécanisme, au contraire, est de la logique qui ne se voit pas fonctionner. Nous ajouterons que, sous le logique comme sous le mécanique, il y a quelque chose de plus fondamental : l'appétit, avec ses *émotions* entraînant des *mouvements* appropriés ; fuir la douleur et chercher le plaisir, voilà la logique primitive qui a précédé tous les raisonnements et aussi, sans doute, tous les mécanismes.

Section III

Non-seulement les instincts ne sont pas nés des mouvements réflexes automatiques, comme le croient MM. Spencer, Huxley, Maudsley, Sergi, Ribot, Richet, etc. ; mais nous allons voir que ce sont les mouvements réflexes, au contraire, qui sont nés de l'instinct ou de l'appétit. Les mouvements réflexes sont les résidus d'un ensemble d'actions qui avait eu d'abord pour ressort un appétit accompagné d'une émotion plus ou moins confuse, comme la faim, la soif, la sensation de heurt, celle de chaleur ou de froid, etc. ; ces mouvements automatiques sont les effets en quelque sorte refroidis de l'émotion ; ce sont des directions de l'appétit devenues stables et mécaniques. Voici, selon nous, comment cette conversion rétrograde a pu se produire.

Tout mouvement produit par l'appétit conscient, comme le recul de la jambe devant le feu, renferme trois termes : excitation sensitive, émotion et réaction motrice causée par le désir ou l'aversion. Obscurcissez de plus en plus l'élément de l'émotion, si bien qu'il ne reste dans la conscience qu'une perception

Alfred Fouillée

sensitive très rapide suivie d'un mouvement très rapide : vous aurez des *réflexes* demi-conscients, à la fois psychologiques et physiologiques, comme la toux, l'éternuement, le clignement périodique des yeux. Là, pourtant, le sentiment agréable ou désagréable n'est pas encore complètement disparu : on sent bien pourquoi on tousse, pourquoi on éternue ; on sent moins pourquoi on cligne des yeux, à moins qu'on n'ait retenu volontairement la paupière immobile assez longtemps pour éprouver le picotement ou la fatigue. Faites maintenant un pas de plus. Supprimez ces restes de sentiment pénible, supprimez même de la conscience le premier temps du réflexe : excitation *sensitive*, et le troisième : désir ou aversion précédant le mouvement ; vous aurez alors le réflexe purement physiologique, sans élément psychique. Les mouvements rythmiques de la respiration sont encore sur la limite des deux domaines : en y faisant la moindre attention, nous avons encore conscience de ces mouvements et, par la volonté, nous pouvons de nouveau nous en emparer, les suspendre ou les précipiter. Le cœur, lui, ne fait sentir ses battements que dans les cas d'exaltation ; mais, à l'origine, chaque battement devait être distinct pour la conscience. Il est probable qu'il a encore aujourd'hui son effet dans la conscience générale : quand le cœur cesse de battre, il se produit un sentiment de danger, de soustraction, de perte menaçante ; quelque chose manque donc à l'état normal de notre conscience. Enfin les mouvements du cœur, chez certaines personnes, peuvent être soumis à la volonté : il est des hommes qui suspendent à leur gré les battements de leur cœur, comme il est des femmes qui pleurent à volonté. Tous ces faits montrent que les « réflexes physiologiques, » — c'est-à-dire ceux qui sont organisés de manière à assurer la préservation de l'individu ou de l'espèce sans que l'individu lui-même y songe aujourd'hui et soit même averti de ces mouvements, — tiennent cependant encore par des liens ténus à la sensibilité, à l'appétit, à la volonté ; et ces liens, parfois, chez certains individus ou dans certaines circonstances, se resserrent ou se renouent.

Au reste, les premiers rudiments des fonctions cardiaques et respiratoires, tels qu'ils se rencontrent chez les animaux inférieurs, sont des mouvements qui s'accomplissent non point avec une constance automatique, comme chez nous, mais à des intervalles plus ou moins réguliers. Ils ont lieu, selon Wundt, « sous l'influence directe de certains instincts nutritifs ; » or les instincts nutritifs, qui sont l'origine de tous les autres, sont les types mêmes de l'appétit : ce sont des mouvements provoqués par des émotions plus ou moins vagues de malaise ou d'aise, en vue d'une fin qui, pour n'être pas *pensée*, n'est pas moins *cherchée* : suppression de la peine et accroissement du plaisir.

Une autre considération confirme les précédentes : c'est que, chez les animaux inférieurs, ce ne sont pas des réflexes de nature exclusivement automatique qui constituent les premiers mouvements corporels ; ce sont, au contraire, les mouvements appétitifs et volontaires. Chez les êtres les plus infimes, dit Wundt, — par exemple les protozoaires, les cœlentérés, les vers, — les mouvements corporels de caractère automatique et proprement réflexe sont postérieurs en date ; aussi offrent-ils chez ces animaux un degré de développement inférieur aux actes qui témoignent d'une sensation ou même d'une représentation, d'une impulsion instinctive accompagnée d'un sentiment sourd.

Ce qui a fait croire aux partisans de l'automatisme que la genèse des réflexes est indépendante de l'instinct et de cette réaction mentale qu'on nomme appétit, c'est qu'aujourd'hui l'appétit trouve à son service, chez les animaux supérieurs, des réflexes tout organisés, qui semblent mis à sa disposition comme des instruments indépendants de la volonté. Mais ces réflexes compliqués et perfectionnés sont les résultats d'une longue évolution. De plus, ces réflexes compliqués ne se rencontrent que chez les animaux supérieurs, qui manifestent en même temps des appétits plus distincts et plus variés ; le développement des réflexes va donc de pair avec celui des impulsions de l'appétit, comme si les mêmes aptitudes à manifester des appétits de toutes sortes avaient été les conditions de l'organisation des réflexes. Enfin, selon la remarque de Wundt, « les réflexes que nous apercevons chez l'animal décapité sont les mêmes mouvements que nous rencontrons, seulement mieux ordonnés, dans les actions volontaires des individus de son espèce ; » ce sont donc bien des effets mécaniques de la volonté qui subsistent jusque après la mort. De cette évolution des réflexes dans l'espèce nous pouvons conclure, avec Wundt, que les actions volontaires (c'est-à-dire, en somme, appétitives) n'ont pas eu pour

Alfred Fouillée

origine les réflexes, mais, tout au contraire, que les actions réflexes sont des actions volontaires devenues mécaniques, grâce aux modifications qu'elles ont imprimées peu à peu dans l'organisation héréditaire.

Nous devons donc intervertir l'ordre des explications psychologiques qu'on a voulu tirer des mouvements réflexes : avec du pur mécanisme on ne fera jamais ni de la pensée, ni du plaisir ou de la douleur, ni du désir ou de l'instinct ; mais, inversement, avec les effets habituels et héréditaires de l'appétit, du plaisir et de la douleur, on peut expliquer le mécanisme même et l'automatisme. Les partisans à outrance des réflexes confondent l'effet avec la cause et veulent faire sortir le plus du moins ; l'être vivant ne sort pas du squelette, le squelette vient de l'être vivant. Au lieu de dire avec MM. Spencer, Maudsley et Ribot, que la représentation intellectuelle, l'émotion et l'appétition sont le pur « reflet » des mouvements physiologiques, il faut dire que les mouvements physiologiques sont la manifestation extérieure, le prolongement, le côté objectif des changements internes.

Si nous voulions étendre plus loin encore l'induction, nous dirions : ce ne sont pas les seuls mouvements des êtres animés qui supposent, comme ressort intérieur, au moins un rudiment d'*émotion* infinitésimale ; mais tous les mouvements, jusque dans le règne inorganique, sont soumis à la même loi. Les mouvements, en effet, suivent toujours ce qu'on appelle « la ligne de la moindre résistance, « et le métaphysicien, pour interpréter ce fait, ne peut que raisonner par analogie avec ce qui se passe en nous-mêmes ; or, la ligne de la moindre résistance, en nous, c'est la ligne de la moindre peine ; en dehors de nous, le métaphysicien ne peut donc se représenter la force intime qui produit le mouvement que comme une activité tendant à se déployer avec le moins de peine possible. Cette activité est précisément ce que les philosophes appellent l'appétit ou la volonté primordiale, c'est-à-dire le désir non raisonné et inintelligent, quoique accompagné d'une émotion plus ou moins sourde. Si on rejette l'antique hypothèse de créations vraiment spéciales et successives, qui auraient introduit miraculeusement dans le monde d'abord une matière tout insensible, puis des êtres sentans avec des organes spéciaux et des instincts spéciaux, on est bien obligé d'admettre que, dans les moindres particules de la matière prétendue inerte, il y a encore l'embryon de la vie, le germe de la sensibilité et de l'instinct, une *émotion* élémentaire qui est la vraie raison de l'*impulsion motrice*. Aussi, en face des savants qui, par une tendance toute matérialiste, veulent ramener l'ordre mental à un mécanisme d'automate, on commence à voir d'autres savants, dont le nombre s'accroîtra chaque jour, rétablir l'élément d'ordre mental parmi les principes mêmes de l'évolution universelle et de l'universel mécanisme. On reviendra un jour à la pensée qu'Aristote avait exprimée en une de ses formules brèves et profondes : « Tout mouvement est une sorte d'appétit. » De même que la production ou la circulation du mouvement dans l'univers est inintelligible sans une activité universelle, cette activité même est pour nous inintelligible sans une sensibilité universelle. Il n'y a donc « rien de mort dans la nature, » comme le disait encore l'Aristote du XVIIe siècle, Leibniz. Tout se fait par voie mécanique, mais tout se fait en même temps, si on peut parler ainsi, par voie sensitive et instinctive. Il n'y a point, d'un côté, un esprit sentant, de l'autre, une matière absolument insensible qui cependant pourrait être sentie. Non ; si ma main sent l'instrument de musique qu'elle touche et presse pour en tirer toute sorte de sons, c'est que cet instrument même, cet organe fabriqué par l'art humain aurait pu, dans de certaines conditions naturelles et à travers des transformations moins superficielles, devenir ma main.

Notes

1. Voir, dans la Revue du 1er août, notre étude sur l'Homme automate.

2. Voyez M. Ribot, l'Hérédité, p. 34.

3. M. Ribot, ibid.

4. Darwin a remarqué que les grands oiseaux étaient plus farouches que les petits, parce qu'ils ont été plus constamment persécutés ; et Haudsley ajoute que, dans son pays, parmi les petits oiseaux, le rouge-gorge est le moins peureux, parce qu'on inculque depuis longtemps aux enfants l'opinion que le meurtre d'un rouge-gorge est un péché.

5. Quelques psychologues ont prétendu qu'il n'y a point

Alfred Fouillée

d'instincts proprement dits chez l'homme, sous le prétexte qu'il n'y a pas chez lui de représentations innées et naturellement associées ; mais nous venons de voir qu'on ne saurait réduire l'instinct a des représentations innées, qui n'existent pas chez les animaux, eux-mêmes. Ce qui constitue l'instinct, c'est une impulsion native vers des actes déterminés ; or, en ce sens, l'instinct existe aussi chez l'homme (instinct de sucer, de têter, de tendre les bras, de porter le doigt dans la bouche). L'instinct s'y montre même souvent sous une forme anormale : la passion de boire poussée jusqu'à la manie ou dipsomanie, la luxure, la passion du vol, du vagabondage, de l'assassinat, du jeu, la monomanie du suicide, les hallucinations, la folie, les vices et les maladies mentales, comme la plupart des maladies corporelles, sont Fréquemment des impulsions instinctives transmises par hérédité. On voit des enfants, élevés par d'autres que leurs parents et ignorant l'histoire de ceux-ci, reproduire cependant aux mêmes âges les mêmes passions extraordinaires, par exemple l'envie presque irrésistible d'avaler de la terre, le penchant à tuer sons aucun intérêt et pour le plaisir de tuer, etc. Ils sont voués par leur naissance à telle scène de drame particulière, aussi déterminée que l'instinct de l'abeille ou de la fourmi.

6.   Au reste, un instinct général, par exemple celui de la peur, peut en dominer un autre plus particulier. Nous avons eu un jeune chien des Pyrénées, d'une race habituée à garder les moutons, qui prit la fuite devant le premier mouton, qu'il aperçut.

7.   La consolidation des instincts par l'hérédité leur donne une durée et une fixité telles, qu'ils persistent, comme l'a montré Darwin, après un changement radical dans les conditions de vie auxquelles ils étaient d'abord adaptés. Les jeunes porcs, dit Darwin, s'accroupissent quand ils sont effrayés et croient ainsi se cacher, même sur un terrain libre et nu, comme s'ils étaient au milieu des champs. Les jeunes dindons, lorsque leur mère jette le cri d'alarme, se sauvent et essaient de se cacher comme les jeunes perdrix et les jeunes faisans, afin que la mère puisse s'envoler, ce dont elle a perdu la faculté depuis longtemps. Le chien, même bien nourri, enterre souvent, comme les renards, des aliments superflus ; il tourne plusieurs fois sur le même point avant de se coucher sur une surface unie, comme s'il voulait écraser de l'herbe pour se

Notes

faire une couchette. Les agneaux et les chevaux montrent, encore aujourd'hui, les traces de leurs habitudes alpestres d'autrefois, en se rassemblant et en bondissant sur les rochers les plus escarpés. Charles Vogt raconte qu'un jeune chien, qui n'avait jamais vu de loup, tomba en convulsion lorsqu'on lui fit flairer un lambeau de peau de loup.

8.   « Du vivant de Darwin, dit M. Romanes, il me fut donné de pouvoir discuter cette question avec lui, et j'appris de sa bouche que la question l'avait beaucoup préoccupé à l'époque où il écrivait son Origine des espèces, mais que, trouvant cette question très complexe, il ne pensait pas qu'il fût bon d'en entamer la discussion.»

9.   Les Causes finales.

10.   Les points convenables pour la piqûre sont d'ailleurs propres à attirer l'attention et sur une ligna très visible.

11.   M. Janot, les Causes finales, p. 406.

ISBN : 978-1544215990

Alfred Fouillée